陨石玉器
图录

刘登湘　吴小英／主编

新 华 出 版 社

图书在版编目（CIP）数据

陨石玉器图录 / 刘登湘 , 吴小英主编 . — 北京 :
新华出版社 , 2020.10
ISBN 978-7-5166-5451-4

Ⅰ . ①陨… Ⅱ . ①刘… ②吴… Ⅲ . ①古玉器—
中国 —图集 Ⅳ . ① K876.82

中国版本图书馆 CIP 数据核字（2020）第 207818 号

陨石玉器图录

主　　编：刘登湘　吴小英

责任编辑：蒋小云　　　　　　　封面设计：吴晓嘉

出版发行：新华出版社

地　　址：北京石景山区京原路 8 号　　邮　　编：100040

网　　址：http:// www. xinhuapub. com　　http:// press. xinhuanet. com

经　　销：新华书店

购书热线：010- 63077122　　中国新闻书店购书热线：010- 63072012

印　　刷：河南瑞之光印刷股份有限公司

成品尺寸：210mm × 285mm

印　　张：33.5　　　　　　　字　　数：200 千字

版　　次：2020 年 10 月第 1 版　　印　　次：2020 年 10 月第 1 次印刷

书　　号：ISBN 978-7-5166-5451-4

定　　价：198.00 元

图书如有印装问题请与印刷厂联系调换 :4006597013

天空虽未留翅膀痕迹

大鹏却曾经翻翔惊鸿

前　言 >>

这是一册承载着性质独特且信息量极大的陨石玉器图录。

一、图录所载是具体的客观实物存在。

二、图录中的器物均源于 1980—2019 年中国境内的辽河流域。

三、所有器物的原材均为带磁陨石玉质。

四、器物主要是以人物、动物、图腾符号和文字为主的减地雕刻件。

五、图录所载器物共 626 件套，器身附着的符号、文字约 2800 个。所载器物的实物图片均拍摄于 2020 年 3 月。所有器物均为作者本人收藏品。

六、图录出版后，作者将继续对图录所载器物的器型进行解读，对器身附着的符号、文字进行诠释，并跟进出版。

图录公开出版与读者见面后，倘若能引起部分读者成为兴趣者、探索者，乃至是同船共渡者，作者便略感慰藉。

刘登湘　吴小英

2020 年 9 月 29 日

Preface >>

This is a catalogue of meteoritic jades with unique properties and huge amount of information.

(1)What the catalogue contains is the pictures of concrete objective entities.

(2)The wares in the catalogue all originated from the Liaohe River Basin in China from 1980 to 2019.

(3)The raw materials of all wares are jades with magnetic meteorite.

(4)The wares are mainly carvings featuring figures, animals, totem symbols and characters.

(5)There are a total of 626 sets of wares in the catalogue, and about 2,800 symbols and characters on the surface of the wares. The pictures of the wares were all taken in March 2020, and all of the wares are collected by the author himself.

(6)After the catalogue is published, the author will continue to interpret the types of wares in the catalogue, as well as the symbols and characters attached to them, and actively follow up the publication.

The author would feel much relieved, if the catalogue can attract some readers and inspire them to explore, and even find some like-minded people after its publication.

Liu Dengxiang   Wu Xiaoying

September 29, 2020

目 录 >>

第一部分

天同覆

—— 宇宙乡邻
星际客使

001

一

直径：143mm

重量：981g

002

一

直径：142mm

重量：952g

003

一

直径：170mm

重量：972g

004

一

直径：168mm

重量：1877g

005

一

直径：163mm

重量：1272g

006

—

直径：169mm

重量：2496g

007

—

直径：168mm

重量：1966g

008

—

直径：163mm

重量：1973g

009

—

直径：158mm

重量：1966g

010

—

直径：153mm

重量：2538g

011

—

直径：159mm

重量：3021g

012

—

直径：161mm

重量：2717g

013

—

直径：160mm

重量：3031g

014

—

高度：173mm

重量：2611g

015

一

直径：203mm

重量：2867g

016

一

直径：179mm

重量：1968g

017

—

直径：216mm

重量：3270g

018

—

直径：217mm

重量：3469g

019

—

直径：213mm

重量：3599g

020

一

直径：212mm

重量：3033g

021

—

直径：213mm

重量：3258g

022

—

直径：207mm

重量：2786g

023

—

直径：198mm

重量：2740g

024

—

直径：263mm

重量：2799g

025

—

直径：201mm

重量：2687g

026

—

直径：181mm

重量：2569g

027

—

直径：178mm

重量：2549g

028

—

直径：198mm

重量：2733g

029

—

直径：213mm

重量：3456g

030

—

直径：156mm

重量：3064g

031

一

直径：211mm

重量：3017g

032

—

直径：216mm

重量：3358g

033

一

高度：230mm

重量：2997g

034

—

高度：229mm

重量：2841g

035

—

高度：223mm

重量：2517g

036

一

高度：253mm

重量：3273g

037

—

长度：256mm

重量：3691g

038

—

高度：227mm

重量：2067g

039

一

高度：233mm

重量：2655g

040

—

长度：249mm

重量：2567g

041

—

长度：247mm

重量：2845g

042

一

长度：275mm

重量：3743g

043

一

高度：202mm

重量：4353g

044

—

高度：243mm

重量：4543g

045

—

长度：236mm

重量：3596g

046

—

高度：283mm

重量：5741g

047

—

长度：227mm

重量：4276g

048

—

长度：261mm

重量：3177g

049

—

长度：239mm

重量：4156g

050

—

长度：276mm

重量：4696g

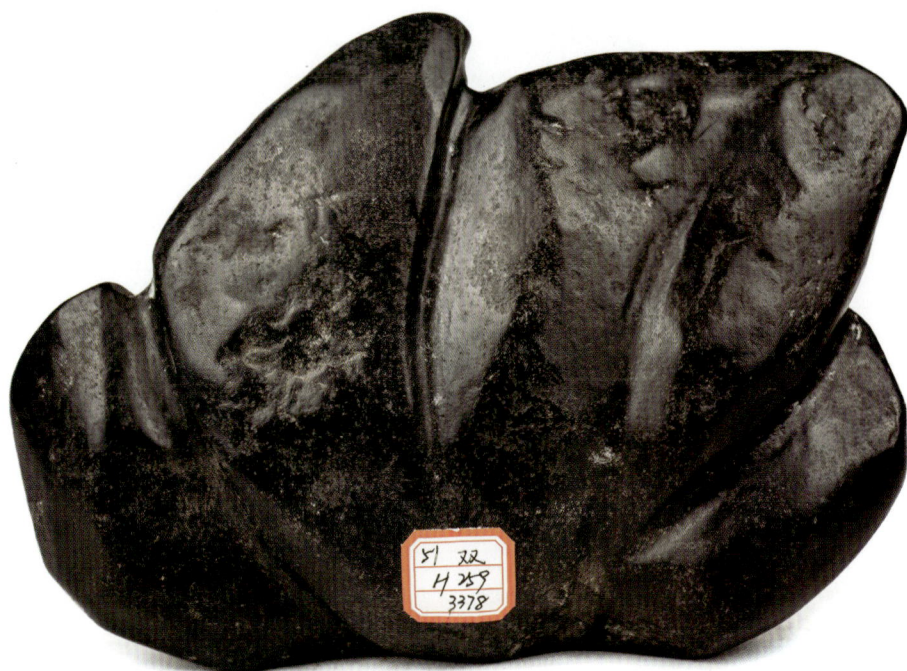

051

—

长度：259mm

重量：3378g

052

—

长度：259mm

重量：3425g

053

—

长度：233mm

重量：3469g

054

一

长度：231mm

重量：3571g

055

—

高度：259mm

重量：3136g

056

—

高度：270mm

重量：3493g

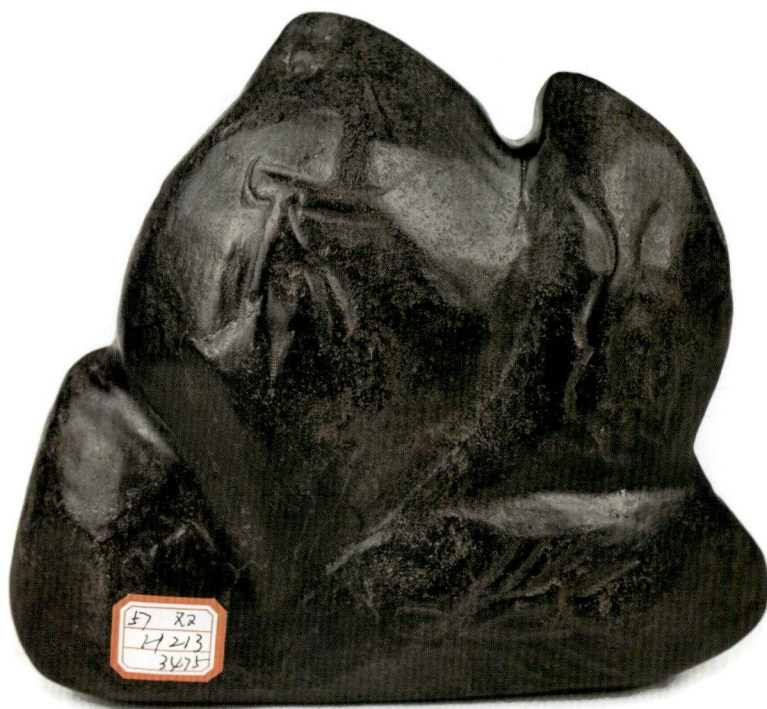

057

—

高度：213mm

重量：3475g

058

—

长度：269mm

重量：3481g

059

—

长度：273mm

重量：3435g

060

—

高度：241mm

重量：3307g

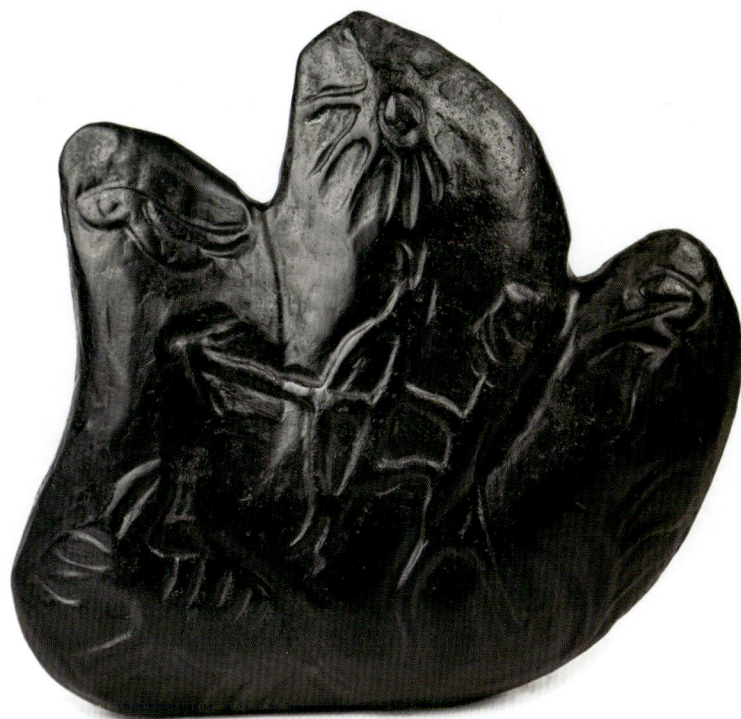

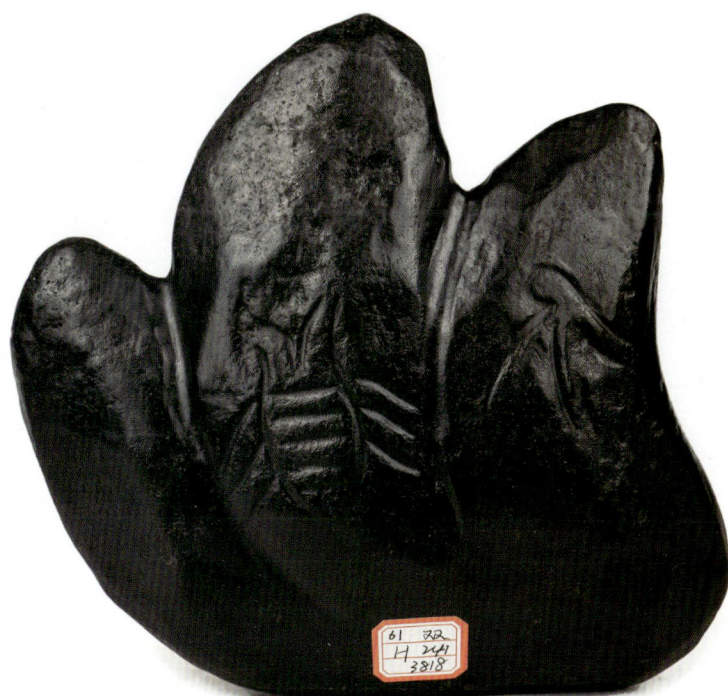

061

—

高度：241mm

重量：3818g

062

—

长度：283mm

重量：3103g

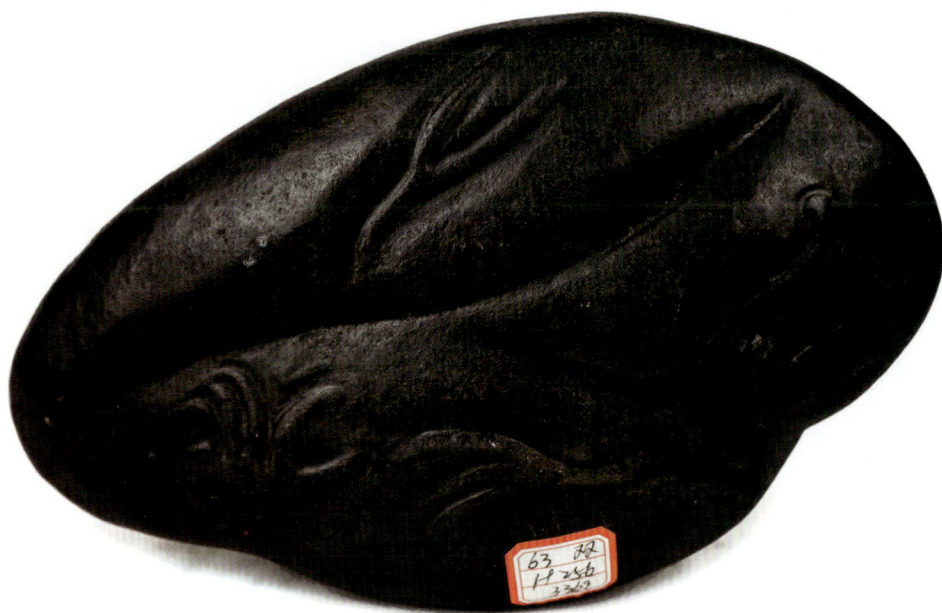

063

一

长度：256mm

重量：3369g

064

—

长度：250mm

重量：2933g

065

—

高度：262mm

重量：2917g

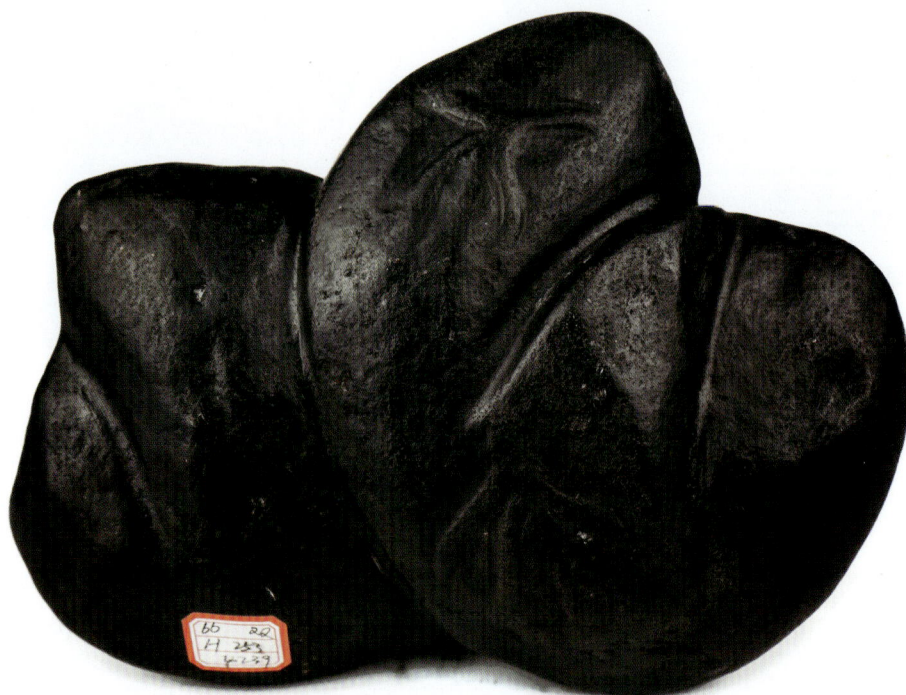

066

—

长度：253mm

重量：4239g

067

—

高度：257mm

重量：4271g

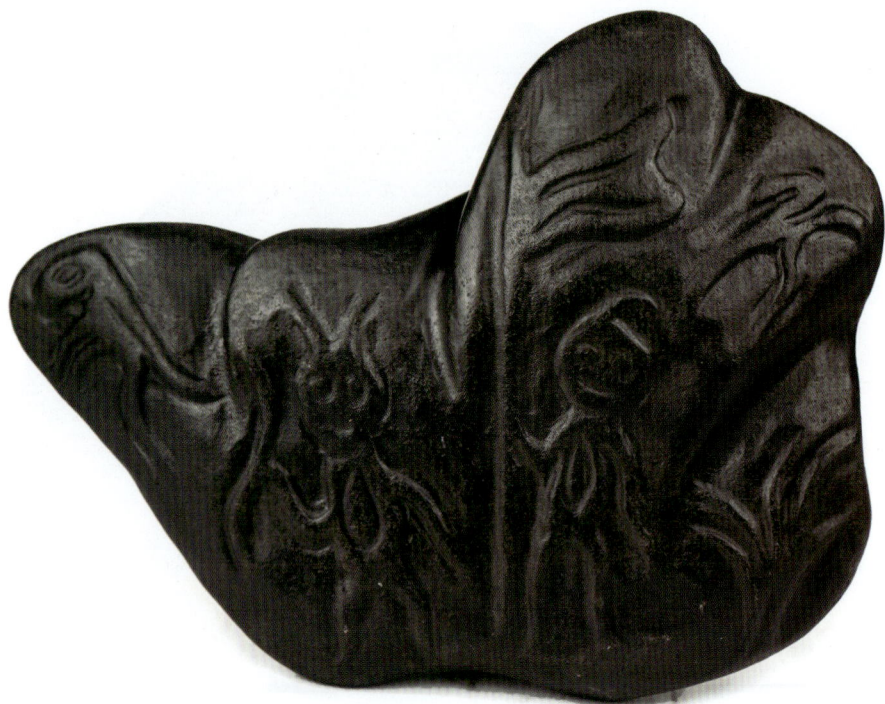

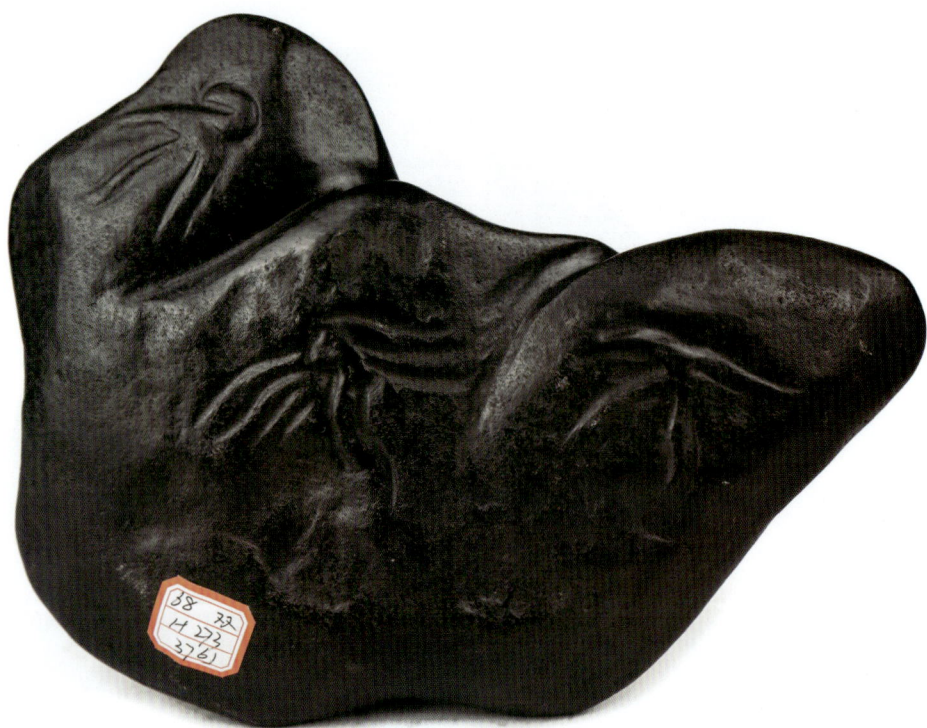

068

—

长度：273mm

重量：3761g

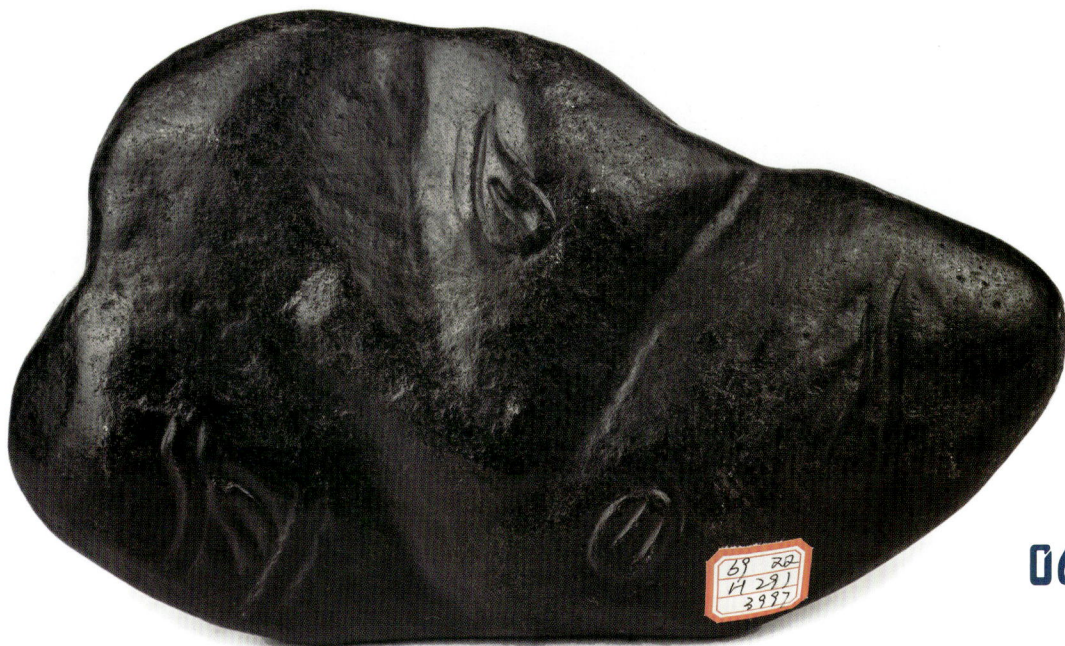

069

—

长度：291mm

重量：3997g

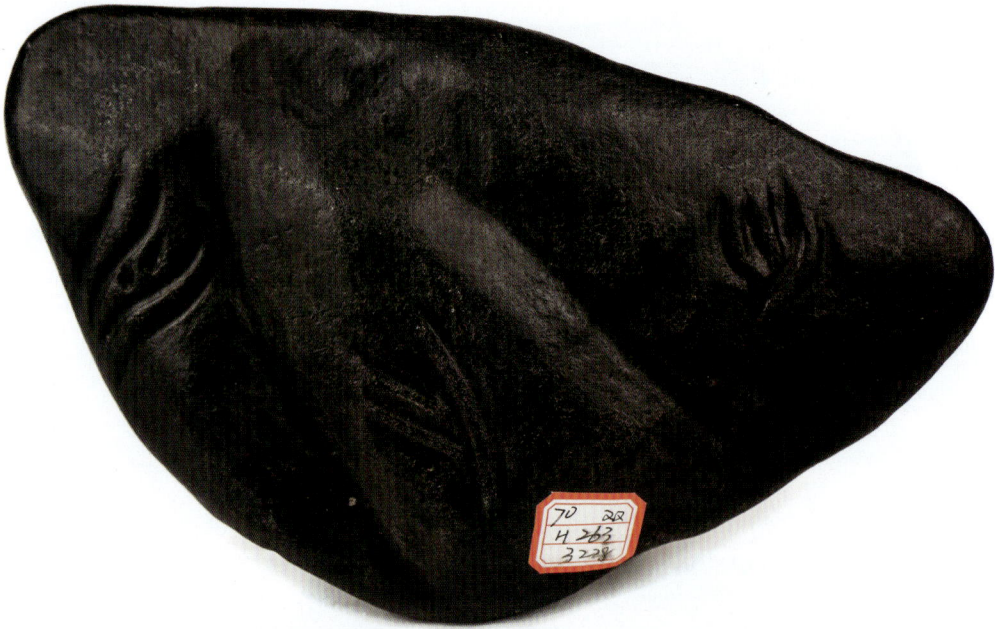

070

—

长度：263mm

重量：3228g

071

一

长度：253mm

重量：4621g

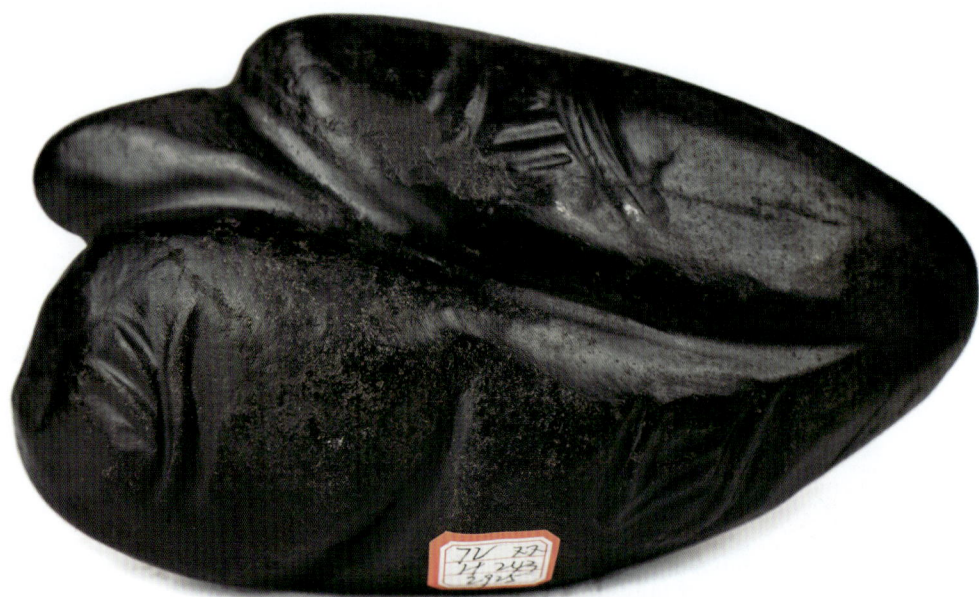

072

—

长度：243mm

重量：2925g

073

—

长度：255mm

重量：3117g

074

—

长度：238mm

重量：2757g

075

—

长度：248mm

重量：2543g

076

一

高度：246mm

重量：2593g

077

一

长度：241mm

重量：2463g

078

—

长度：233mm

重量：2437g

079

—

长度：257mm

重量：2670g

080

—

长度：233mm

重量：2397g

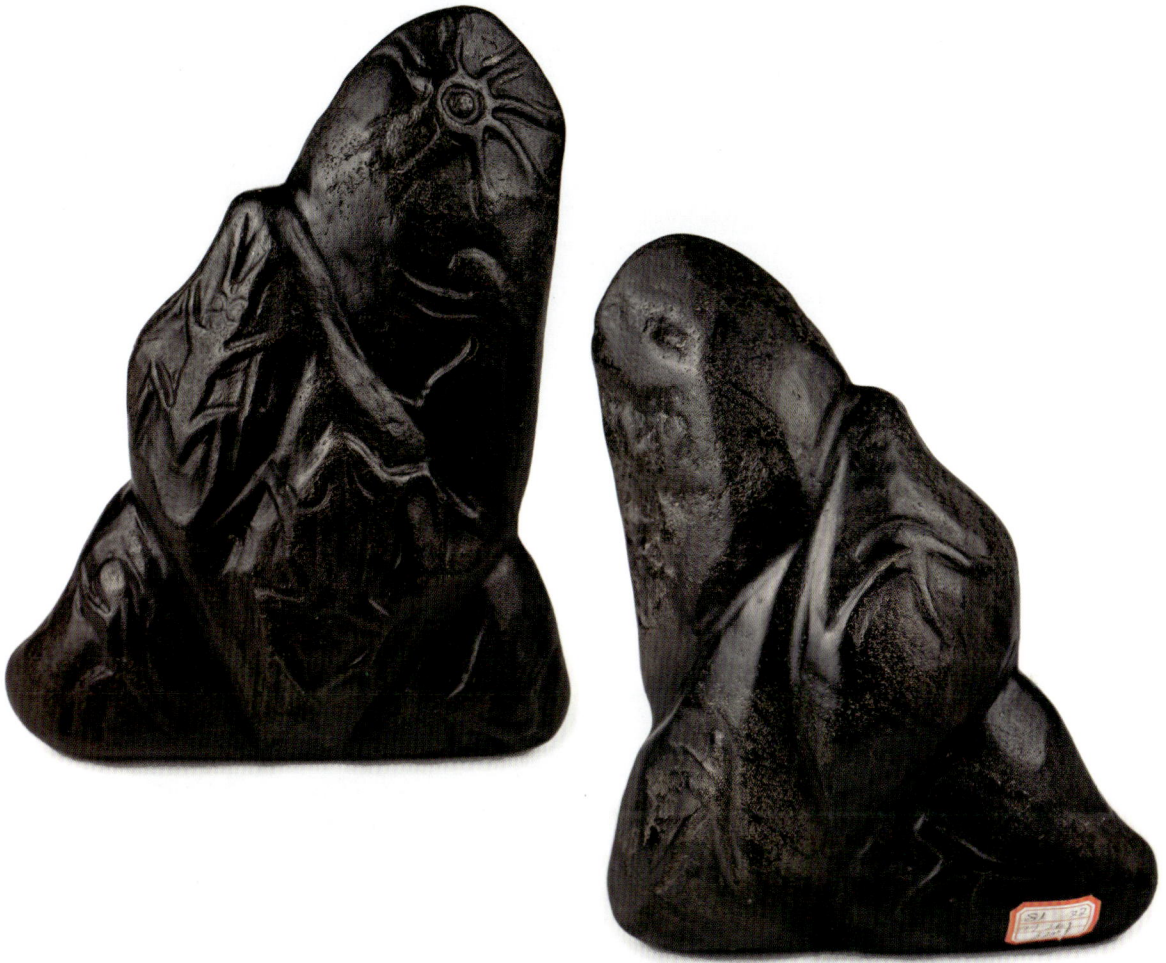

081

一

高度：261mm

重量：2301g

084

—

高度：237mm

重量：2622g

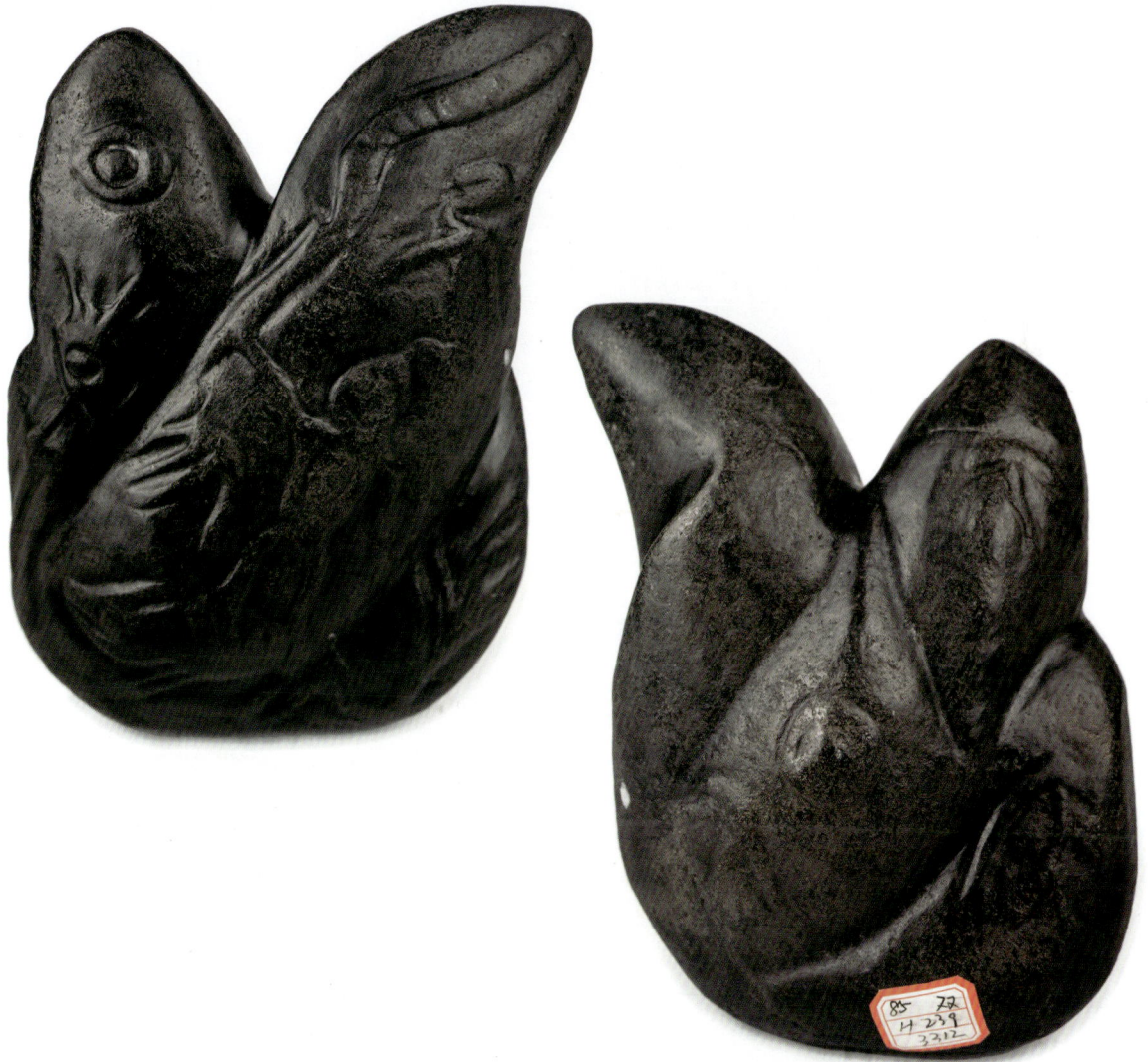

085

—

高度：239mm

重量：3312g

086

—

长度：213mm

重量：2543g

087

—

长度：239mm

重量：2610g

088

—

高度：197mm

重量：2395g

089

一

长度：276mm

重量：2773g

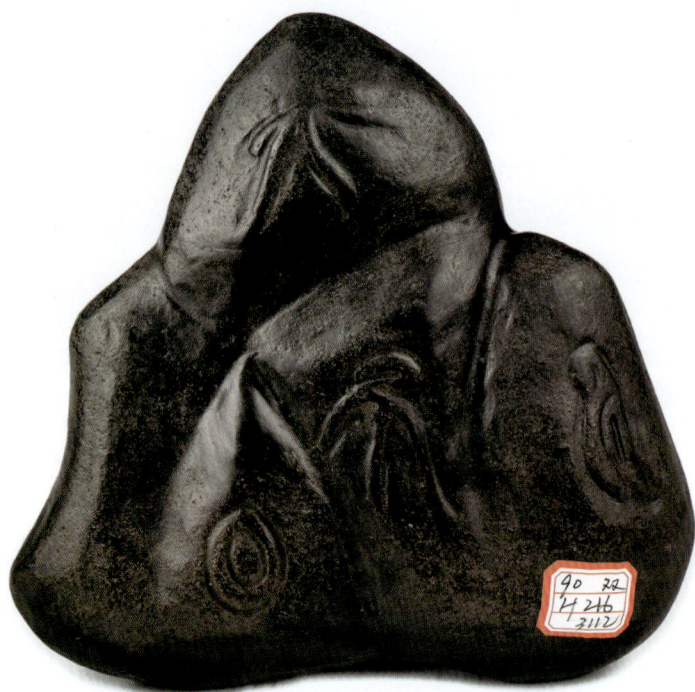

090

一

高度：216mm

重量：3112g

091

—

长度：238mm

重量：2096g

092

—

高度：277mm

重量：3043g

093

—

高度：235mm

重量：2194g

094

一

长度：253mm

重量：2483g

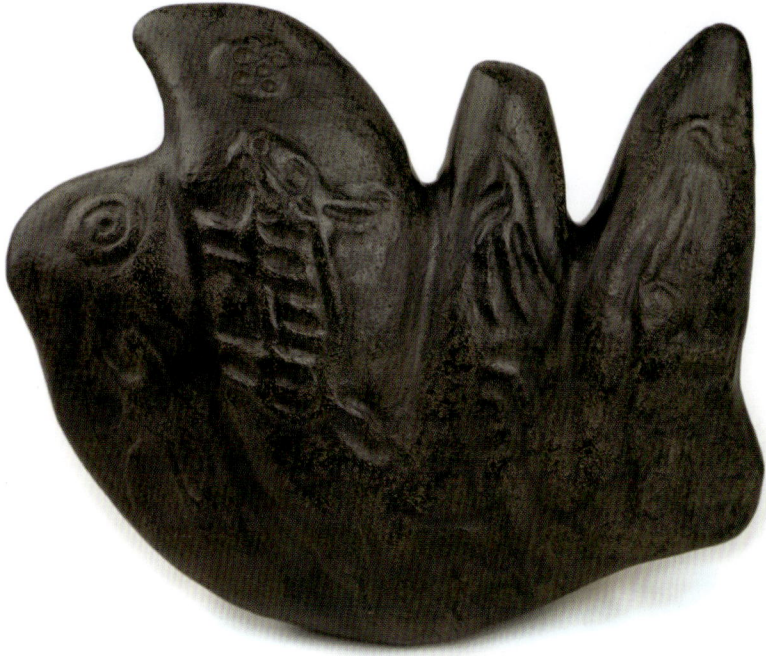

095

—

长度：222mm

重量：2498g

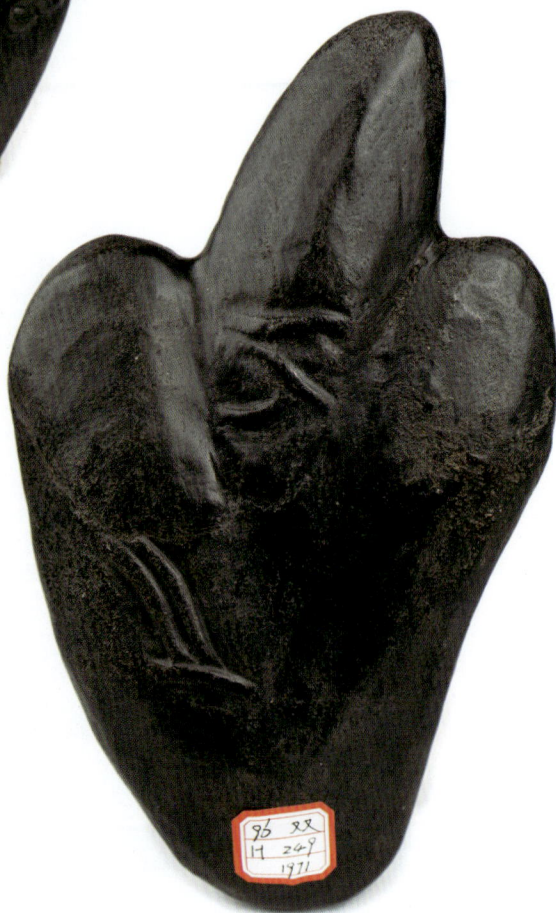

096

—

高度：249mm

重量：1971g

097

—

长度：257mm

重量：3114g

098

一

高度：249mm

重量：2643g

099

—

长度：265mm

重量：3831g

100

—

长度：248mm

重量：2308g

101

—

长度：264mm

重量：2365g

102

—

长度：251mm

重量：1931g

103

—

长度：255mm

重量：2572g

104

一

长度：255mm

重量：2448g

105

—

长度：271mm

重量：2536g

106

—

长度：258mm

重量：3279g

107

—

长度：276mm

重量：2658g

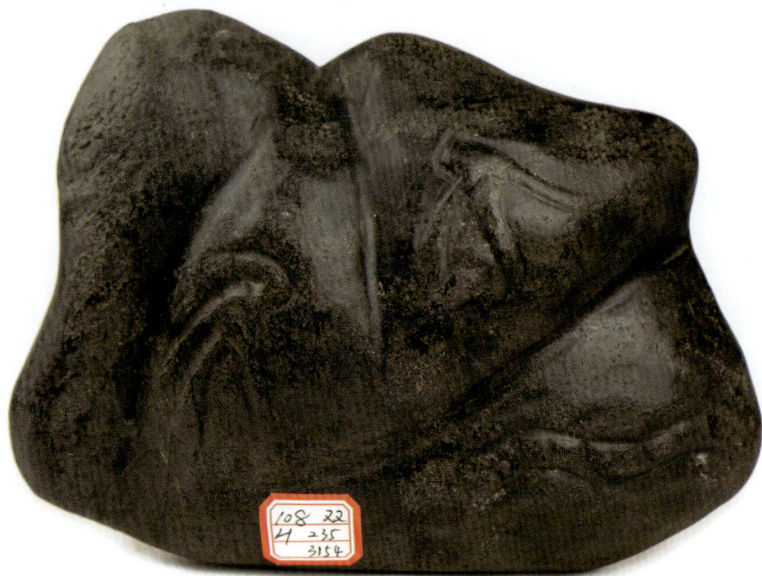

108

一

长度：235mm

重量：3154g

109

—

高度：232mm

重量：2883g

110

一

长度：249mm

重量：2472g

111

—

长度：246mm

重量：2073g

112

一

长度：233mm

重量：2311g

113

—

长度：237mm

重量：3013g

114

一

长度：234mm

重量：2165g

115

—

长度：228mm

重量：2487g

116

—

长度：243mm

重量：2483g

117

—

长度：253mm

重量：2535g

118

一

长度：268mm

重量：3561g

119

—

长度：243mm

重量：3402g

120

—

长度：243mm

重量：3492g

121

—

高度：267mm

重量：4792g

124

—

高度：245mm

重量：4379g

高度：159mm

重量：4879g

125

—

126

—

长度：269mm

重量：6273g

127

—

长度：247mm

重量：4529g

128

—

高度：248mm

重量：4267g

129

—

长度：274mm

重量：3614g

130

—

高度：262mm

重量：3682g

131

—

长度：253mm

重量：2668g

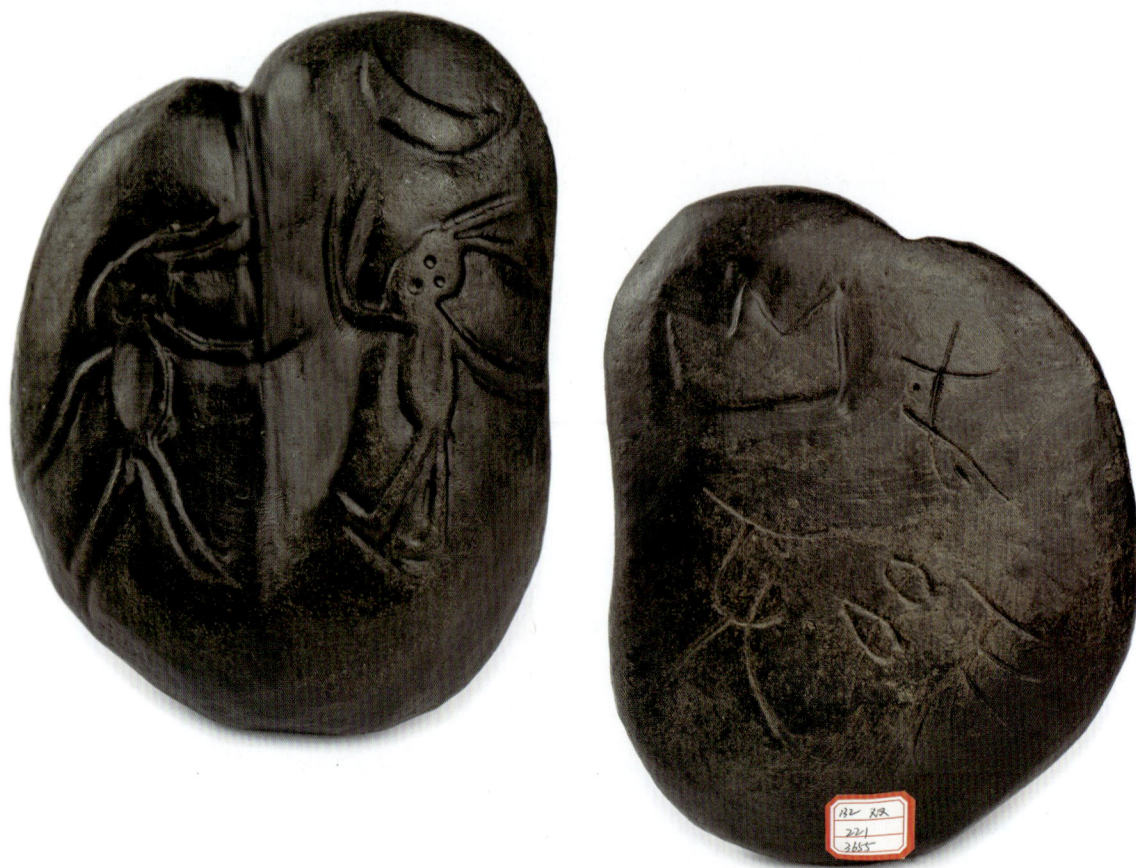

132

一

高度：221mm

重量：3655g

133

—

长度：251mm

重量：4030g

134

—

长度：253mm

重量：3751g

135

—

高度：271mm

重量：3527g

136

—

长度：263mm

重量：3291g

137

—

高度：229mm

重量：4146g

138

—

长度：226mm

重量：3213g

139

一

长度：290mm

重量：5302g

140

—

高度：298mm

重量：6408g

141

—

长度：319mm

重量：5524g

142

—

长度：258mm

重量：6412g

第二部分

地同载

——地球村胞 万象牲灵

143

一

高度：233mm

重量：2902g

147

—

高度：225mm

重量：1529g

148

—

高度：222mm

重量：1946g

149

—

高度：203mm

重量：1661g

150

—

高度：227mm

重量：1605g

155

一

高度：200mm

重量：1808g

156

一

高度：238mm

重量：1323g

157

—

高度：228mm

重量：1574g

158

—

高度：215mm

重量：1672g

159
—

高度：210mm

重量：1888g

160
—

高度：220mm

重量：1754g

161

—

高度：215mm

重量：1540g

162

—

高度：228mm

重量：1616g

163

—

高度：215mm

重量：1459g

164

—

高度：223mm

重量：1889g

165

—

高度：213mm

重量：1836g

166

—

高度：200mm

重量：1597g

167

—

高度：200mm

重量：1758g

168

—

高度：213mm

重量：1390g

169

—

高度：205mm

重量：1437g

170

—

高度：207mm

重量：1725g

171

—

高度：217mm

重量：2007g

172

—

高度：213mm

重量：1513g

173

—

高度：217mm

重量：1762g

174

—

高度：251mm

重量：1334g

175

—

高度：210mm

重量：1642g

176

—

高度：263mm

重量：1638g

177

—

高度：215mm

重量：1529g

178

—

高度：220mm

重量：1603g

179

—

高度：225mm

重量：1707g

180

—

高度：220mm

重量：1753g

181

—

高度：198mm

重量：1678g

182

—

高度：210mm

重量：1583g

183

—

高度：210mm

重量：2077g

184

—

高度：210mm

重量：1718g

185

—

高度：204mm

重量：1701g

186

—

高度：219mm

重量：2446g

187

—

高度：217mm

重量：1961g

188

—

高度：213mm

重量：2226g

189

—

高度：210mm

重量：1663g

190

—

高度：185mm

重量：2315g

191

—

高度：223mm

重量：2295g

192

—

高度：205mm

重量：1661g

193

—

长度：180mm

重量：1840g

194

—

长度：183mm

重量：1768g

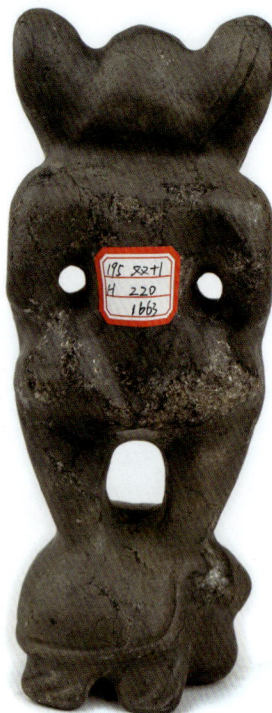

195

—

高度：220mm

重量：1663g

196

—

高度：210mm

重量：1688g

197

—

高度：220mm

重量：1667g

198

—

高度：219mm

重量：1603g

199

—

高度：213mm

重量：1626g

200

—

高度：210mm

重量：1652g

201

—

高度：220mm

重量：1629g

202

—

高度：222mm

重量：1721g

203

—

高度：210mm

重量：1720g

204

—

高度：217mm

重量：1921g

205

—

高度：218mm

重量：1449g

206

—

高度：220mm

重量：1197g

207

—

高度：212mm

重量：1329g

208

—

高度：220mm

重量：1490g

209

—

高度：205mm

重量：1476g

210

—

高度：217mm

重量：1884g

211

—

高度：245mm

重量：2057g

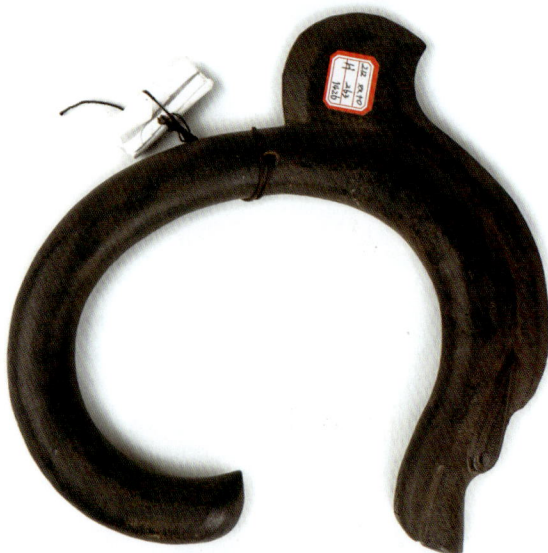

212

—

高度：263mm

重量：1426g

213

—

高度：200mm

重量：2233g

214

—

高度：198mm

重量：2019g

215

—

长度：205mm

重量：1191g

216

—

长度：220mm

重量：1790g

217

—

长度：200mm

重量：2466g

218

—

长度：165mm

重量：1534g

219

—

长度：239mm

重量：1771g

220

—

高度：154mm

重量：1403g

221

—

高度：170mm

重量：2130g

222

—

长度：267mm

重量：2195g

223

—

长度：251mm

重量：2372g

224

—

长度：297mm

重量：1864g

225

—

长度：308mm

重量：2122g

226

—

长度：315mm

重量：2184g

227

—

高度：228mm

重量：1644g

228

—

高度：219mm

重量：1750g

229

—

高度：150mm

重量：1157g

230

—

长度：189mm

重量：1652g

231

—

长度：205mm

重量：1319g

232

—

长度：210mm

重量：1264g

233
—

长度：223mm

重量：2598g

234
—

长度：212mm

重量：1274g

235

—

长度：235mm

重量：1347g

236

—

高度：210mm

重量：2072g

237

—

高度：210mm

重量：1737g

238

—

高度：228mm

重量：1299g

243

—

高度：165mm

重量：1612g

244

—

高度：160mm

重量：1860g

245

—

高度：220mm

重量：1076g

246

—

高度：208mm

重量：1980g

247

—

长度：253mm

重量：2474g

248

—

长度：200mm

重量：1593g

249

—

高度：146mm

重量：2579g

250

—

高度：150mm

重量：2014g

251

—

长度：200mm

重量：1727g

252

—

高度：195mm

重量：1967g

253

—

长度：261mm

重量：1889g

254

—

高度：163mm

重量：1861g

255

—

长度：145mm

重量：1603g

256

—

长度：240mm

重量：1617g

257

—

长度：213mm

重量：1984g

258

—

长度：187mm

重量：651g

259

—

长度：166mm

重量：1338g

260

—

长度：240mm

重量：1762g

261

A	B	C
长度：297mm	长度：153mm	长度：233mm
重量：2086g	重量：804g	重量：375g

262

—

高度：200mm

重量：2730g

263

—

高度：190mm

重量：2640g

264

—

高度：175mm

重量：2212g

265

—

高度：170mm

重量：1992g

266

—

高度：170mm

重量：1924g

267

—

高度：180mm

重量：2049g

268

—

高度：150mm

重量：2079g

269

—

高度：143mm

重量：1836g

270

—

高度：157mm

重量：1636g

271

—

高度：151mm

重量：1953g

272

—

高度：150mm

重量：1963g

273

—

高度：129mm

重量：1543g

274

—

高度：118mm

重量：2071g

275

—

高度：122mm

重量：1612g

276

—

高度：163mm

重量：2055g

277

—

高度：107mm

重量：1453g

278

—

高度：91mm

重量：1148g

279

—

长度：203mm

重量：1406g

280

—

长度：173mm

重量：2173g

281

—

长度：171mm

重量：1953g

282

—

长度：153mm

重量：1453g

283

—

长度：202mm

重量：1591g

284

—

长度：196mm

重量：1327g

285

—

长度：166mm

重量：1541g

286

—

长度：159mm

重量：2002g

287

—

长度：213mm

重量：1961g

288

—

长度：221mm

重量：1653g

289

—

长度：152mm

重量：1761g

290

—

长度：151mm

重量：1707g

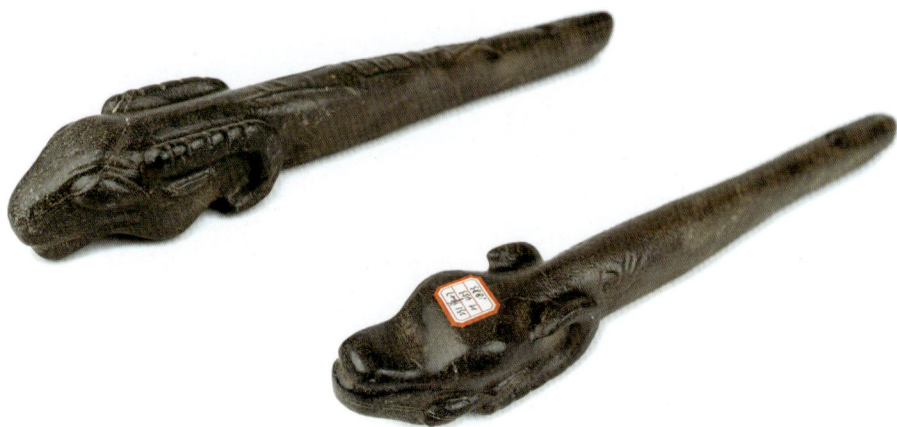

291

—

长度：453mm

重量：1883g

292

—

长度：453mm

重量：2376g

293

—

长度：403mm

重量：941g

294

—

长度：403mm

重量：903g

295

—

高度：123mm

重量：1769g

296

—

高度：161mm

重量：3388g

297

—

高度：156mm

重量：2999g

298

—

高度：161mm

重量：3893g

299

—

高度：141mm

重量：3197g

300

—

高度：157mm

重量：2463g

301

—

高度：136mm

重量：2103g

302

一

高度：151mm

重量：2437g

303

一

高度：142mm

重量：1975g

304

—

高度：145mm

重量：2070g

305

—

高度：150mm

重量：2214g

306

—

高度：151mm

重量：2141g

307

—

高度：148mm

重量：2270g

308

—

高度：148mm

重量：2353g

309

—

高度：137mm

重量：2514g

310

—

高度：143mm

重量：2037g

311

—

高度：147mm

重量：2088g

312

—

高度：138mm

重量：1628g

313

—

高度：147mm

重量：1914g

314

—

高度：143mm

重量：1851g

315

—

高度：141mm

重量：2165g

316

—

高度：147mm

重量：2203g

317

—

高度：146mm

重量：2095g

318

—

高度：146mm

重量：1888g

319

—

高度：150mm

重量：2186g

320

—

高度：148mm

重量：2249g

321

—

高度：147mm

重量：2024g

322

—

高度：147mm

重量：2082g

323

—

高度：147mm

重量：2058g

324

—

高度：147mm

重量：2066g

325

—

高度：143mm

重量：2057g

326

—

高度：147mm

重量：2063g

327

—

高度：143mm

重量：2099g

328

—

高度：143mm

重量：2355g

329

—

高度：143mm

重量：2199g

330

—

高度：146mm

重量：2037g

331

—

高度：146mm

重量：2170g

332

—

高度：143mm

重量：2036g

333

—

高度：146mm

重量：2010g

334

—

高度：146mm

重量：1532g

335

—

高度：148mm

重量：1799g

336

—

高度：146mm

重量：2000g

第三部分

人衷初

——

册方璧圆
文明渊源

长度：400mm

宽度：200mm

重量：2727g

338

一

长度：400mm

宽度：200mm

重量：3093g

339

—

长度：400mm

宽度：200mm

重量：2552g

340

一

长度：400mm

宽度：200mm

重量：2668g

341

一

长度：400mm

宽度：190mm

重量：2707g

342

一

长度：400mm

宽度：200mm

重量：2103g

343

—

长度：400mm

宽度：200mm

重量：2350g

344

一

长度：400mm

宽度：200mm

重量：2839g

345

—

长度：400mm

宽度：200mm

重量：2511g

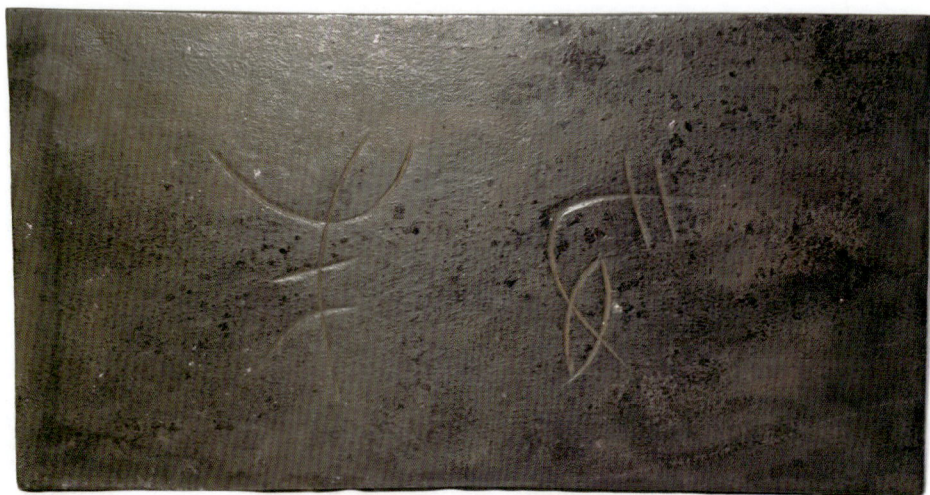

346

—

长度：400mm

宽度：200mm

重量：2401g

347
一

长度：400mm

宽度：200mm

重量：2489g

348

一

长度：400mm

宽度：200mm

重量：2259g

349
—

长度：390mm

宽度：190mm

重量：2615g

350

一

直径：300mm

重量：2335g

351

一

直径：296mm

重量：2895g

352

—

长度：400mm

宽度：200mm

重量：3423g

长度：400mm

宽度：200mm

重量：2424g

354

—

长度：400mm

宽度：200mm

重量：2553g

355

—

长度：400mm

宽度：200mm

重量：3299g

356

一

长度：400mm

宽度：200mm

重量：2078g

357

—

长度：400mm

宽度：200mm

重量：2269g

358

—

长度：400mm

宽度：200mm

重量：2479g

359

—

长度：400mm

宽度：200mm

重量：2450g

360

—

长度：400mm

宽度：200mm

重量：2175g

361

一

长度：390mm

宽度：190mm

重量：2228g

362

—

长度：400mm

宽度：200mm

重量：2358g

363

一

直径：295mm

重量：2749g

364

一

长度：400mm

宽度：200mm

重量：2395g

365

一

长度：390mm

宽度：190mm

重量：1835g

366

一

长度：400mm

宽度：200mm

重量：2453g

367

一

长度：400mm

宽度：200mm

重量：2361g

368

一

长度：400mm

宽度：200mm

重量：2447g

369

—

长度：400mm

宽度：200mm

重量：2179g

370

—

长度：400mm

宽度：200mm

重量：2440g

371

一

长度：400mm

宽度：200mm

重量：2248g

372

—

长度：400mm

宽度：200mm

重量：2527g

373

—

长度：400mm

宽度：200mm

重量：2317g

374

一

长度：400mm

宽度：200mm

重量：1906g

375

一

长度：400mm

宽度：200mm

重量：2957g

376

一

长度：400mm

宽度：200mm

重量：2215g

377

—

长度：400mm

宽度：200mm

重量：2534g

378

—

长度：380mm

宽度：190mm

重量：2053g

379

—

长度：400mm

宽度：200mm

重量：3239g

380

一

长度：400mm

宽度：200mm

重量：2439g

383

—

长度：400mm

宽度：200mm

重量：2064g

384

一

长度：400mm

宽度：200mm

重量：2188g

385

—

长度：400mm

宽度：200mm

重量：2435g

386

一

长度：400mm

宽度：200mm

重量：2778g

387

—

长度：400mm

宽度：200mm

重量：2594g

388

一

长度：400mm

宽度：200mm

重量：1892g

389

—

长度：400mm

宽度：200mm

重量：1866g

390

—

长度：400mm

宽度：200mm

重量：2254g

391

—

长度：400mm

宽度：200mm

重量：2466g

392

一

长度：400mm

宽度：200mm

重量：2809g

393

—

长度：380mm

宽度：190mm

重量：2766g

394

—

长度：400mm

宽度：200mm

重量：2645g

395

—

长度：400mm

宽度：200mm

重量：2143g

396

—

长度：400mm

宽度：200mm

重量：2282g

397

—

长度：400mm

宽度：200mm

重量：2271g

398

一

长度：400mm

宽度：200mm

重量：2268g

399

一

长度：400mm

宽度：200mm

重量：2523g

400

—

长度：400mm

宽度：200mm

重量：2128g

401

一

长度：400mm

宽度：200mm

重量：2882g

402

一

长度：400mm

宽度：200mm

重量：2683g

403

—

长度：400mm

宽度：200mm

重量：2580g

404

一

长度：400mm

宽度：200mm

重量：2239g

405

一

长度：400mm

宽度：180mm

重量：3006g

406

一

长度：390mm

宽度：180mm

重量：1979g

407

—

长度：400mm

宽度：200mm

重量：2191g

408

—

长度：400mm

宽度：200mm

重量：2228g

409

一

直径：300mm

重量：2646g

410

一

直径：300mm

重量：2812g

411

一

直径：300mm

重量：2454g

412

一

直径：300mm

重量：2909g

413

一

直径：300mm

重量：2559g

414

一

直径：300mm

重量：2545g

415

一

直径：300mm

重量：2440g

416

—

直径：300mm

重量：2400g

417

一

直径：300mm

重量：2532g

418

一

直径：300mm

重量：2320g

419

一

直径：300mm

重量：2424g

420

—

直径：300mm

重量：2445g

421

—

直径：300mm

重量：2776g

422

—

直径：300mm

重量：2497g

423

一

直径：300mm

重量：2574g

424

一

直径：300mm

重量：3259g

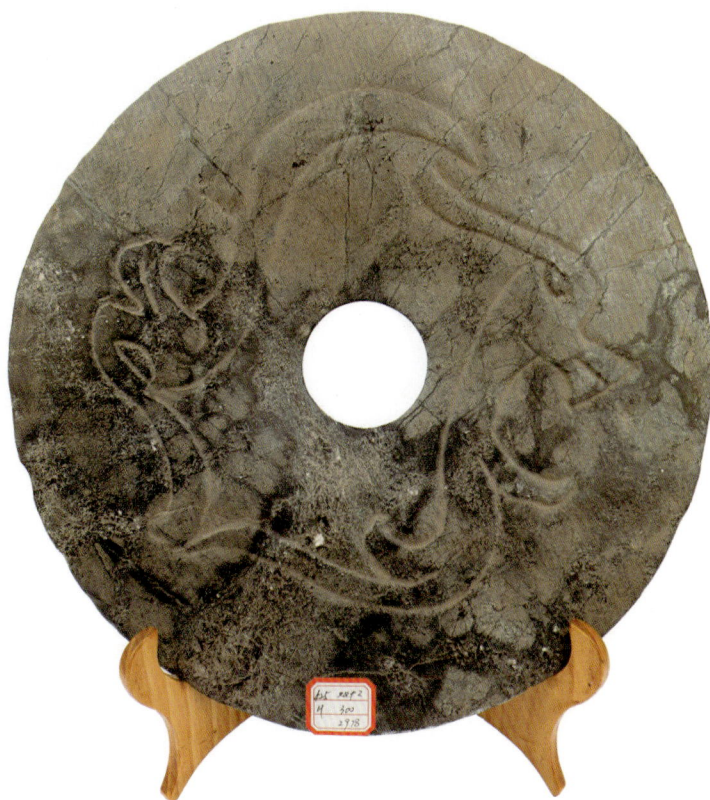

425

—

直径：300mm

重量：2978g

426

一

直径：300mm

重量：2481g

427

—

直径：300mm

重量：2710g

428

一

直径：300mm

重量：2867g

429

—

直径：300mm

重量：3296g

430

一

直径：300mm

重量：2807g

431
一

直径：300mm
重量：3182g

432

一

直径：300mm

重量：2916g

433

—

直径：300mm

重量：3365g

434

一

直径：300mm

重量：2498g

435

一

长度：400mm

宽度：200mm

重量：2268g

436

一

长度：400mm

宽度：200mm

重量：2255g

437

—

长度：400mm

宽度：200mm

重量：2580g

438

—

长度：400mm

宽度：200mm

重量：2250g

439
—

长度：400mm

宽度：200mm

重量：2307g

440

—

长度：400mm

宽度：200mm

重量：2258g

441

—

长度：400mm

宽度：200mm

重量：2496g

442

一

长度：400mm

宽度：200mm

重量：2542g

443

一

长度：400mm

宽度：200mm

重量：2526g

444

一

长度：400mm

宽度：200mm

重量：2432g

445

—

长度：400mm

宽度：200mm

重量：2700g

446

一

长度：400mm

宽度：200mm

重量：2434g

447

—

长度：400mm

宽度：200mm

重量：2035g

448

一

长度：400mm

宽度：200mm

重量：2776g

449
一

长度：400mm

宽度：200mm

重量：2604g

450

—

长度：400mm

宽度：200mm

重量：2424g

451

—

长度：400mm

宽度：200mm

重量：2562g

452

—

长度：400mm

宽度：200mm

重量：2226g

453

一

长度：380mm

宽度：180mm

重量：2068g

454

一

长度：400mm

宽度：200mm

重量：2274g

455

—

长度：400mm

宽度：200mm

重量：2599g

456

—

长度：400mm

宽度：200mm

重量：2822g

457

—

长度：400mm

宽度：200mm

重量：2727g

458

一

长度：400mm

宽度：200mm

重量：2330g

459

—

长度：400mm

宽度：200mm

重量：2524g

460

一

长度：400mm

宽度：200mm

重量：2873g

461

—

长度：400mm

宽度：200mm

重量：2745g

462

一

长度：400mm

宽度：200mm

重量：3022g

463

—

长度：400mm

宽度：200mm

重量：2426g

464

一

长度：400mm

宽度：200mm

重量：3160g

465

一

长度：400mm

宽度：200mm

重量：2554g

466

—

长度：400mm

宽度：200mm

重量：2312g

467

—

长度：400mm

宽度：200mm

重量：2328g

468

一

长度：400mm

宽度：200mm

重量：3188g

469

—

长度：400mm

宽度：200mm

重量：2225g

470

—

长度：400mm

宽度：200mm

重量：2156g

471

—

长度：400mm

宽度：200mm

重量：2857g

472

一

长度：400mm

宽度：200mm

重量：2135g

473

一

长度：400mm

宽度：200mm

重量：2791g

474

—

长度：400mm

宽度：200mm

重量：3051g

475

一

长度：400mm

宽度：200mm

重量：2420g

476

一

长度：385mm

宽度：200mm

重量：3054g

477

一

长度：400mm

宽度：200mm

重量：2599g

478

一

长度：400mm

宽度：200mm

重量：3179g

479

一

长度：400mm

宽度：200mm

重量：2484g

480

一

长度：400mm

宽度：200mm

重量：2248g

481

—

长度：400mm

宽度：200mm

重量：2047g

482

一

长度：400mm

宽度：200mm

重量：2486g

483

—

长度：400mm

宽度：200mm

重量：2441g

484
—

长度：400mm

宽度：200mm

重量：2663g

485

—

长度：400mm

宽度：200mm

重量：2295g

486

—

长度：400mm

宽度：200mm

重量：2229g

487

—

长度：400mm

宽度：200mm

重量：2434g

488

一

长度：400mm

宽度：200mm

重量：2457g

489

—

长度：400mm

宽度：200mm

重量：2463g

490

—

长度：400mm

宽度：200mm

重量：2489g

491

—

长度：400mm

宽度：200mm

重量：2147g

492

一

长度：400mm

宽度：200mm

重量：3088g

493

—

长度：400mm

宽度：200mm

重量：2806g

494

一

长度：400mm

宽度：200mm

重量：2146g

495

—

长度：400mm

宽度：200mm

重量：2323g

496

一

长度：400mm

宽度：200mm

重量：2429g

497

—

长度：400mm

宽度：200mm

重量：2482g

498

—

长度：400mm

宽度：200mm

重量：2365g

499

—

长度：400mm

宽度：200mm

重量：2035g

500

—

长度：400mm

宽度：200mm

重量：2715g

501

一

直径：300mm

重量：2490g

502

—

直径：300mm

重量：2411g

503

一

直径：300mm

重量：2334g

504

—

直径：300mm

重量：3420g

505

一

直径：300mm

重量：2467g

506

一

直径：300mm

重量：2862g

507
一

直径：300mm

重量：2762g

508

一

直径：300mm

重量：2201g

509

一

直径：300mm

重量：2281g

510

一

直径：300mm

重量：2801g

长度：400mm

宽度：200mm

重量：2662g

512

—

长度：400mm

宽度：200mm

重量：2686g

513

—

长度：400mm

宽度：200mm

重量：1897g

514

一

长度：400mm

宽度：200mm

重量：2746g

515

一

长度：400mm

宽度：200mm

重量：2729g

516

—

长度：400mm

宽度：200mm

重量：2357g

517

—

长度：400mm

宽度：200mm

重量：2682g

518

—

长度：400mm

宽度：200mm

重量：2586g

519

—

长度：400mm

宽度：200mm

重量：2117g

520

—

长度：400mm

宽度：200mm

重量：2479g

521

—

长度：400mm

宽度：200mm

重量：2765g

522

一

长度：400mm

宽度：200mm

重量：3079g

523

一

长度：400mm

宽度：200mm

重量：2987g

524

—

长度：400mm

宽度：200mm

重量：2489g

525

一

长度：400mm

宽度：200mm

重量：2171g

526

—

长度：400mm

宽度：200mm

重量：2414g

527

一

长度：400mm

宽度：200mm

重量：2400g

528

—

长度：400mm

宽度：200mm

重量：2417g

529

—

长度：400mm

宽度：200mm

重量：2844g

530

一

长度：400mm

宽度：200mm

重量：2890g

—

长度：400mm

宽度：200mm

重量：2550g

532

—

长度：400mm

宽度：200mm

重量：2184g

533

一

长度：400mm

宽度：200mm

重量：2267g

534

—

长度：400mm

宽度：200mm

重量：2317g

535

—

长度：400mm

宽度：200mm

重量：2566g

536

一

长度：400mm

宽度：200mm

重量：2535g

537

—

长度：400mm

宽度：200mm

重量：2599g

538

一

长度：400mm

宽度：200mm

重量：2368g

539

—

长度：400mm

宽度：200mm

重量：2524g

540
一

长度：400mm

宽度：200mm

重量：2245g

541

—

长度：400mm

宽度：200mm

重量：2423g

542

—

长度：400mm

宽度：200mm

重量：2091g

543

—

直径：300mm

重量：2736g

616

一

长度：400mm

宽度：200mm

重量：2618g

617

—

长度：400mm

宽度：200mm

重量：1973g

618

—

长度：400mm

宽度：200mm

重量：2254g

619

—

长度：400mm

宽度：200mm

重量：1941g

620

—

长度：400mm

宽度：200mm

重量：1922g

621

—

长度：400mm

宽度：200mm

重量：1960g

622

—

长度：400mm

宽度：200mm

重量：1620g

623

—

长度：400mm

宽度：200mm

重量：2253g

624

一

长度：400mm

宽度：200mm

重量：2572g

625

—

长度：400mm

宽度：200mm

重量：2400g

626

—

长度：400mm

宽度：200mm

重量：2511g

627

—

长度：400mm

宽度：200mm

重量：2638g

628

—

长度：400mm

宽度：200mm

重量：2025g

629

一

长度：400mm

宽度：200mm

重量：2844g

630

—

长度：400mm

宽度：200mm

重量：2219g

631

—

长度：400mm

宽度：200mm

重量：1856g

632

—

长度：400mm

宽度：200mm

重量：1957g

633

一

长度：400mm

宽度：200mm

重量：2499g

634

—

长度：400mm

宽度：200mm

重量：2630g

635

一

长度：400mm

宽度：200mm

重量：2477g

636

—

长度：400mm

宽度：200mm

重量：2506g

637

—

长度：400mm

宽度：200mm

重量：2539g

638

一

长度：400mm

宽度：200mm

重量：2816g

639

—

长度：400mm

宽度：200mm

重量：2405g

640

一

长度：380mm

宽度：200mm

重量：2665g

641

—

长度：400mm

宽度：200mm

重量：2381g

642

—

长度：400mm

宽度：200mm

重量：2849g

643

一

长度：400mm

宽度：200mm

重量：2884g

644

—

长度：400mm

宽度：200mm

重量：2804g

645

一

长度：400mm

宽度：200mm

重量：2718g

646

—

长度：400mm

宽度：200mm

重量：2856g

647

—

长度：400mm

宽度：200mm

重量：2920g

648

一

长度：400mm

宽度：200mm

重量：3091g

649

—

长度：400mm

宽度：200mm

重量：3033g

650

一

长度：400mm

宽度：200mm

重量：2888g

651

一

长度：400mm

宽度：200mm

重量：2792g

652

—

长度：400mm

宽度：200mm

重量：3033g

653

—

长度：400mm

宽度：200mm

重量：2740g

654

—

长度：400mm

宽度：200mm

重量：2491g

655

一

长度：400mm

宽度：200mm

重量：2615g

656

一

长度：400mm

宽度：200mm

重量：3123g

657

—

长度：400mm

宽度：200mm

重量：3118g

658

—

长度：400mm

宽度：200mm

重量：2363g

659

—

长度：400mm

宽度：200mm

重量：2408g

660

一

长度：400mm

宽度：200mm

重量：2424g

661

—

长度：400mm

宽度：200mm

重量：2629g

662

一

长度：400mm

宽度：200mm

重量：2220g

663

—

长度：400mm

宽度：200mm

重量：2632g

664

一

长度：400mm

宽度：200mm

重量：2530g

667

—

长度：400mm

宽度：200mm

重量：2662g

668

—

长度：400mm

宽度：200mm

重量：2196g

669

一

长度：400mm

宽度：200mm

重量：2936g

670

—

长度：400mm

宽度：200mm

重量：2321g

671

—

长度：400mm

宽度：200mm

重量：3215g

672

一

长度：390mm

宽度：200mm

重量：2307g

673

—

长度：400mm

宽度：200mm

重量：2051g

674

一

长度：400mm

宽度：200mm

重量：2461g

675

—

长度：400mm

宽度：200mm

重量：2860g

676

一

长度：400mm

宽度：200mm

重量：2782g

677

一

长度：400mm

宽度：190mm

重量：2209g

678

一

长度：400mm

宽度：190mm

重量：2353g

679

—

长度：400mm

宽度：200mm

重量：2456g

680

—

长度：400mm

宽度：200mm

重量：3042g

681

一

长度：400mm

宽度：190mm

重量：2478g

682

一

长度：400mm

宽度：190mm

重量：2700g

683

一

长度：400mm

宽度：190mm

重量：2387g

684

一

长度：400mm

宽度：200mm

重量：2937g

685

一

长度：400mm

宽度：200mm

重量：2534g

686

一

长度：400mm

宽度：200mm

重量：3358g

687

—

长度：400mm

宽度：200mm

重量：2373g

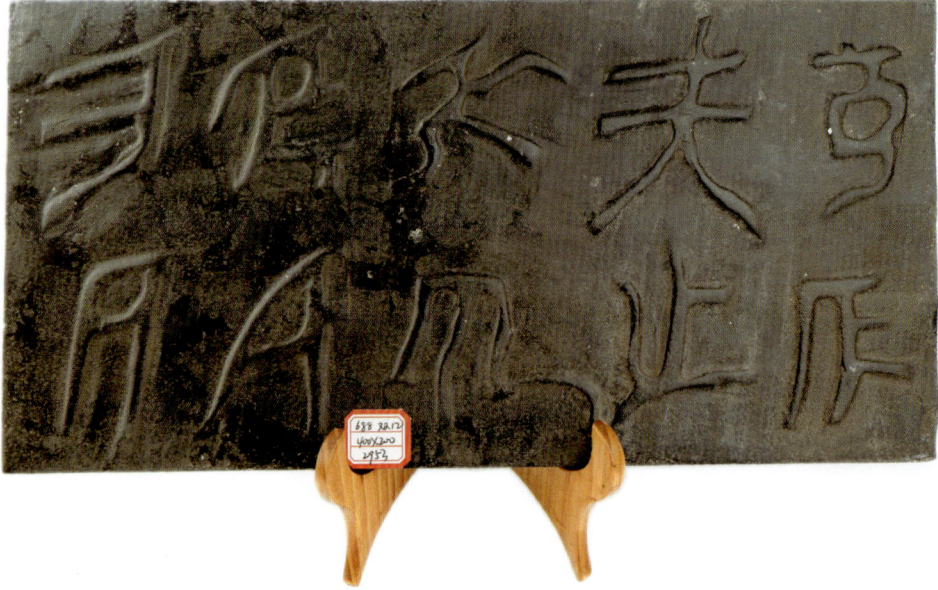

688

一

长度：400mm

宽度：200mm

重量：2953g

689

—

长度：400mm

宽度：200mm

重量：2620g

690

一

长度：400mm

宽度：200mm

重量：2685g

691

一

长度：400mm

宽度：200mm

重量：2796g

692

—

长度：380mm

宽度：200mm

重量：2533g

693

一

长度：380mm

宽度：200mm

重量：1928g

后　记　>>

　　掩卷之余，闭目详思，一些人和事令人难以忘怀。

　　高以玲、覃翠兰女士、杨志林先生等人在图录前期准备的过程中，给予了宝贵的理解和具体的支持，犹如雪中送炭。

　　正是源于其提供的正能量，才促使本书顺利与读者见面。借此机会与空间郑重铭记。

2020 年 7 月 29 日